Aa

apple

A is for Apple

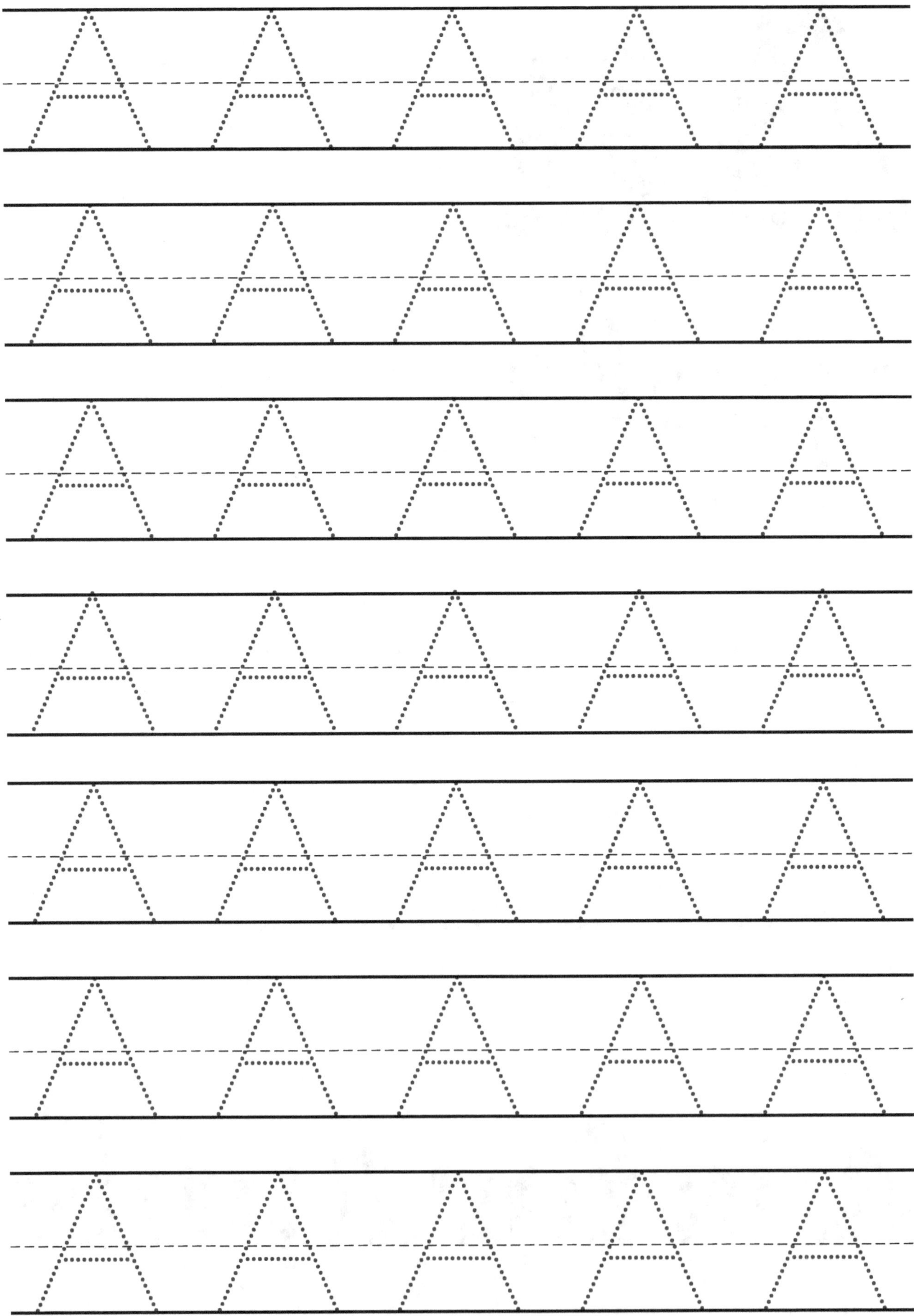

a a a a a a a a a

a a a a a a a a a

a a a a a a a a a

a a a a a a a a a

a a a a a a a a a

a a a a a a a a a

a a a a a a a a a

Bb

banana

Bb

B is for Banana

Cc

cat

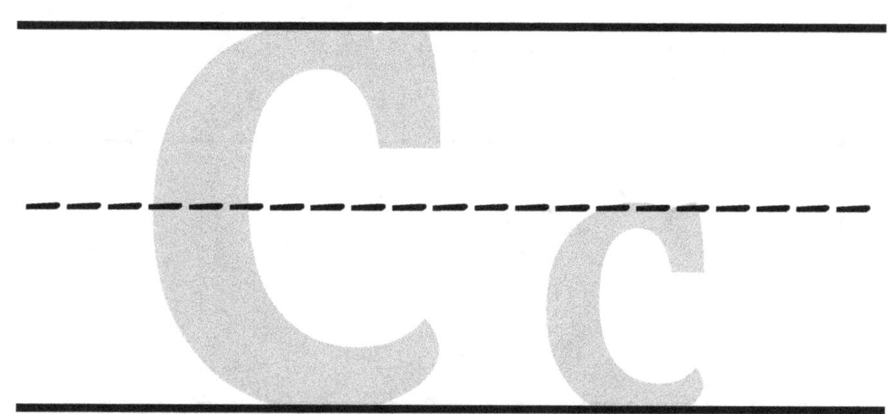

C is for Cat

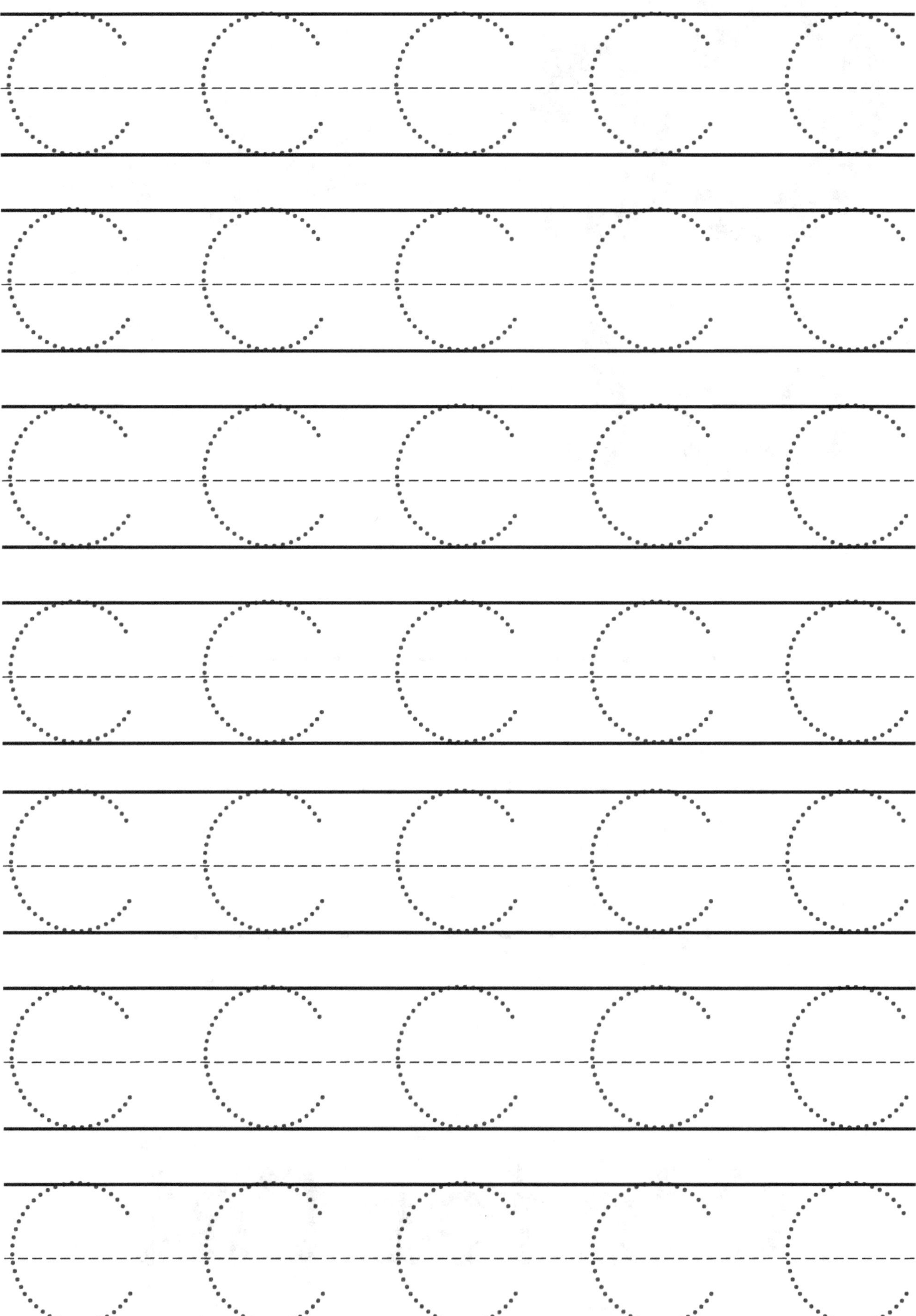

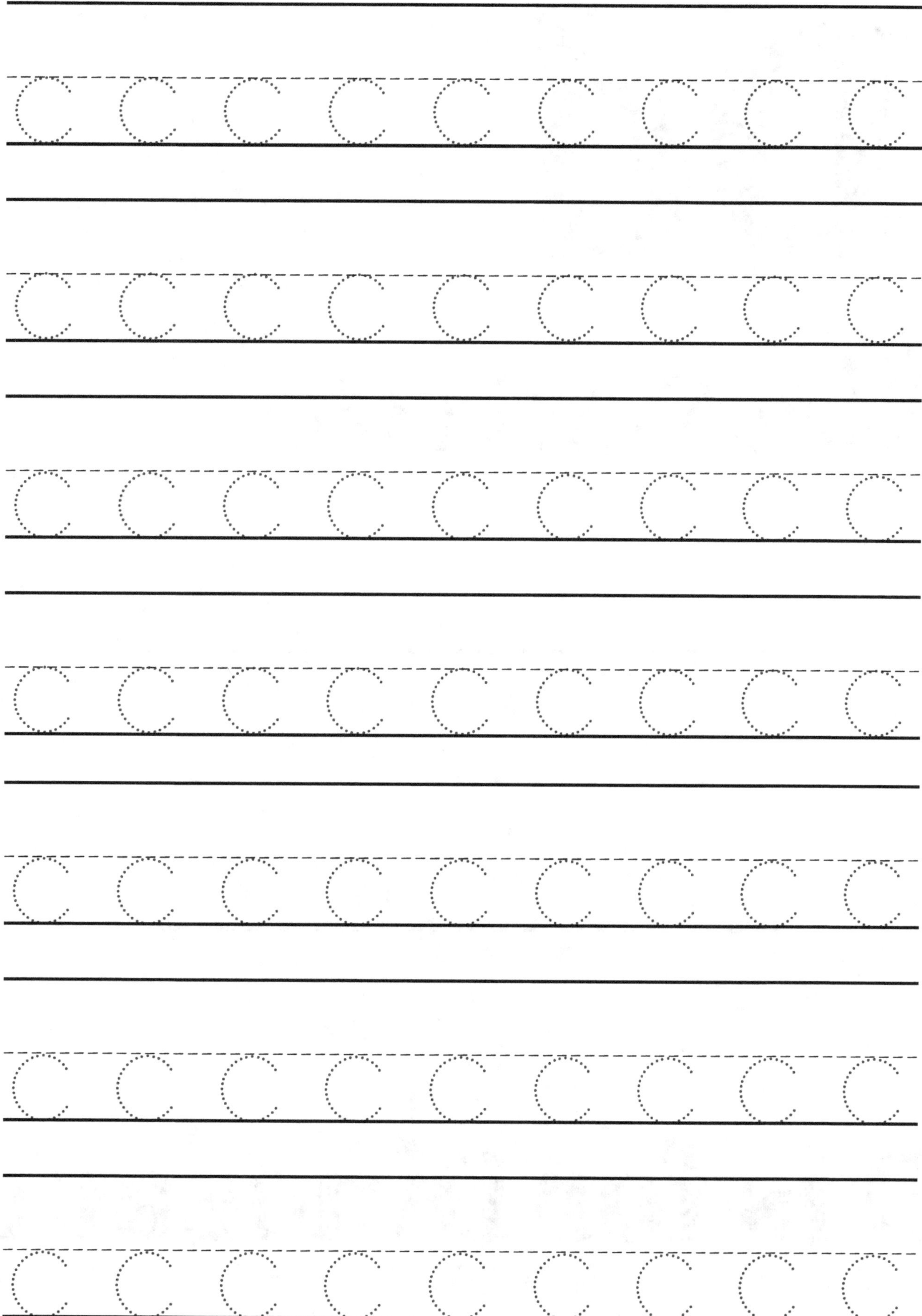

Dd

dinosaur

D is for Dinosaur

D D D D D

D D D D D

D D D D D

D D D D D

D D D D D

D D D D D

D D D D D

d d d d d d d d

d d d d d d d d

d d d d d d d d

d d d d d d d d

d d d d d d d d

d d d d d d d d

d d d d d d d d

Ee
elephant

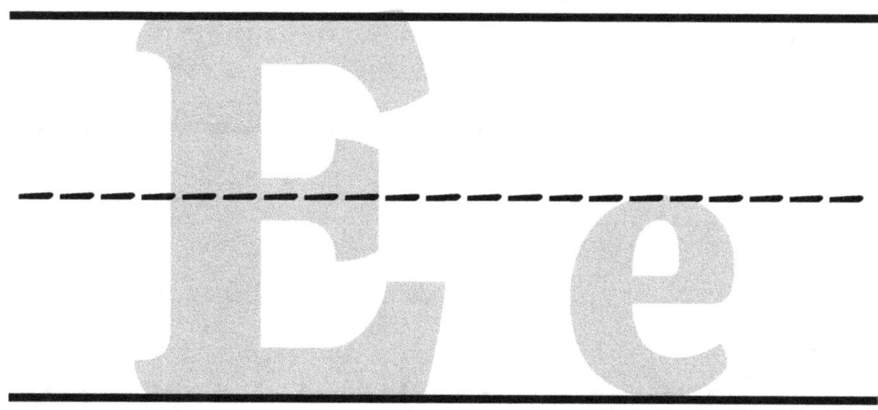

E is for Elephant

Ff
fish

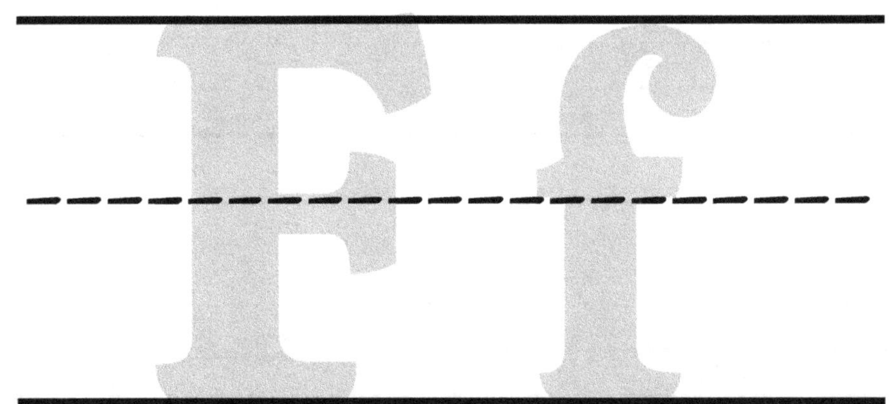

F is for Fish

Gg

giraffe

G is for Giraffe

Hh

house

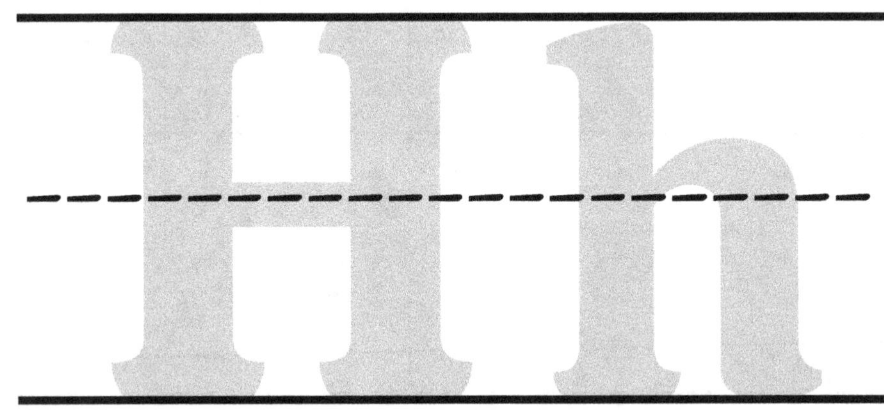

H is for House

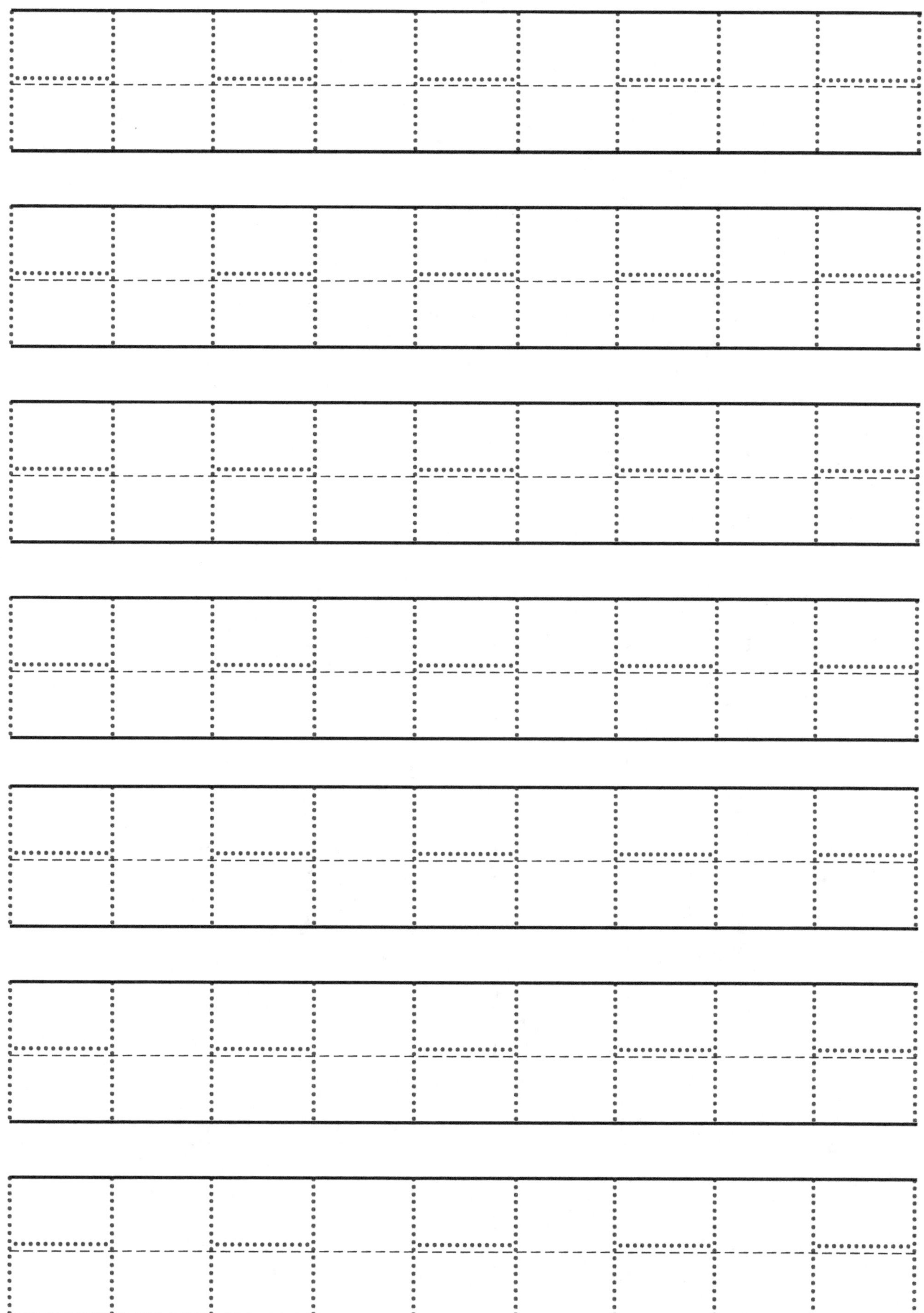

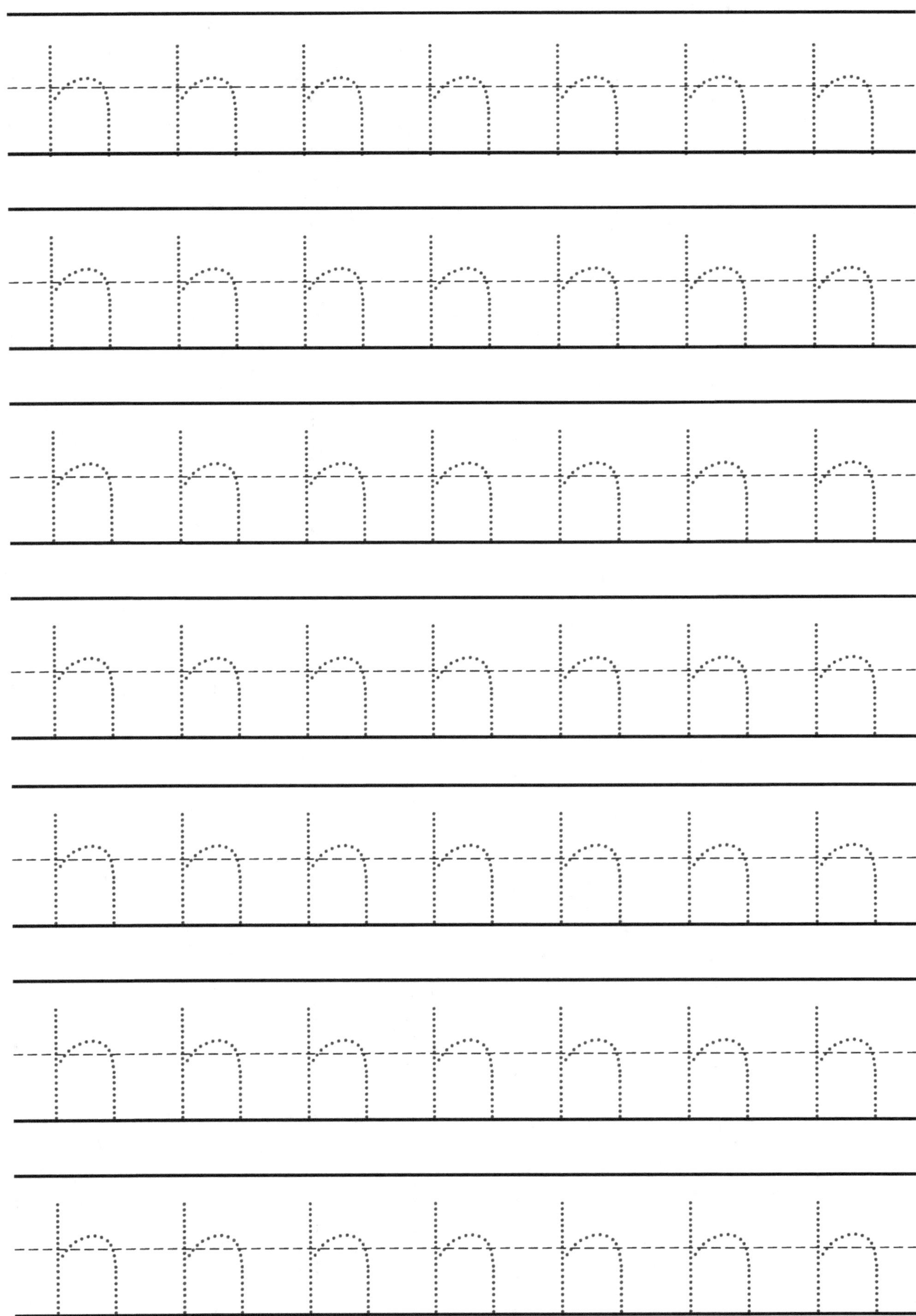

Ii

Ice Cream

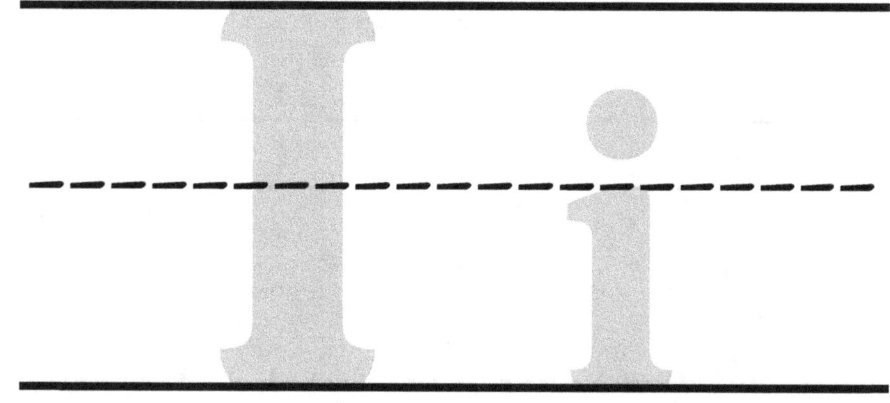

I is for Ice Cream

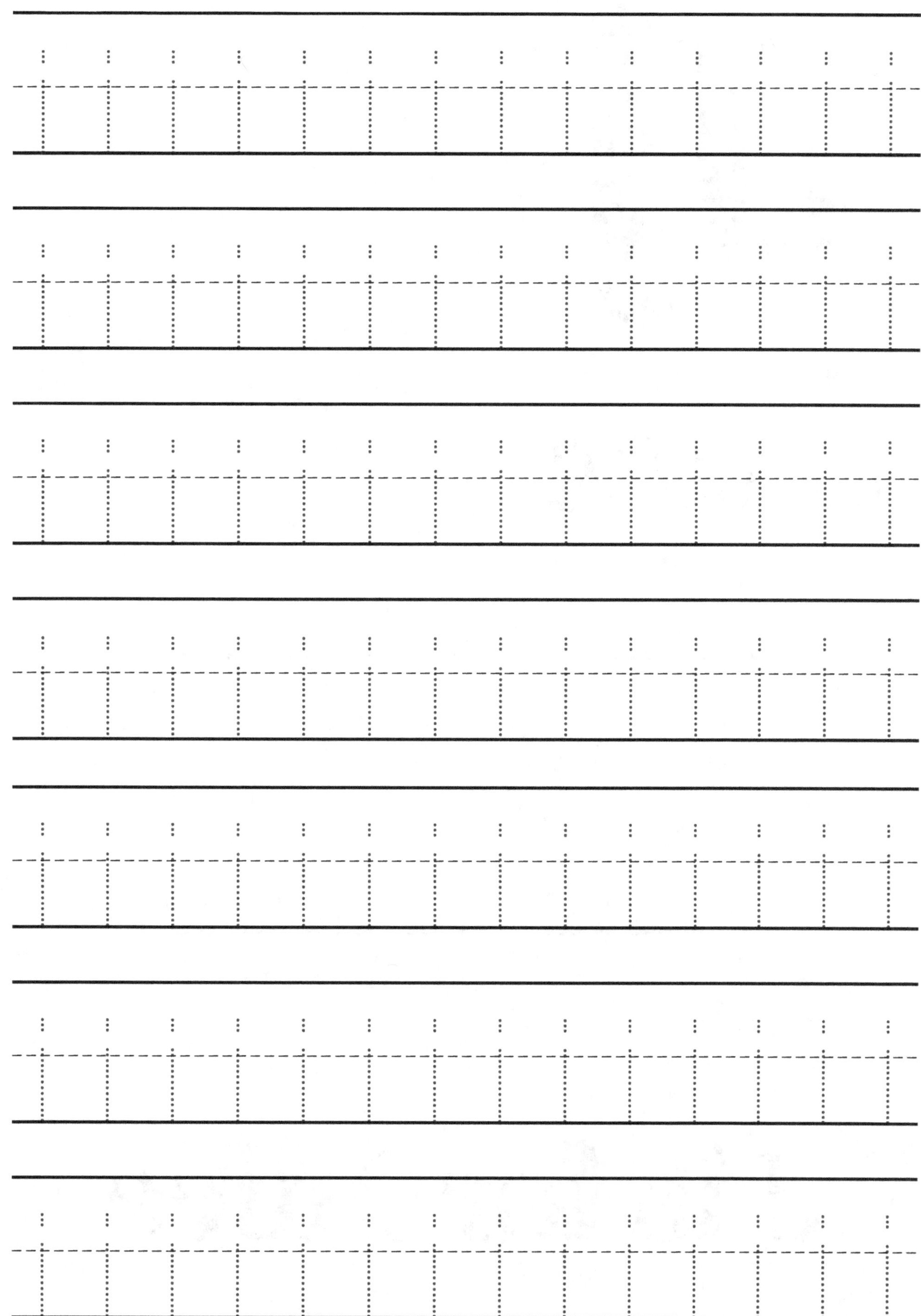

Jj

Juice

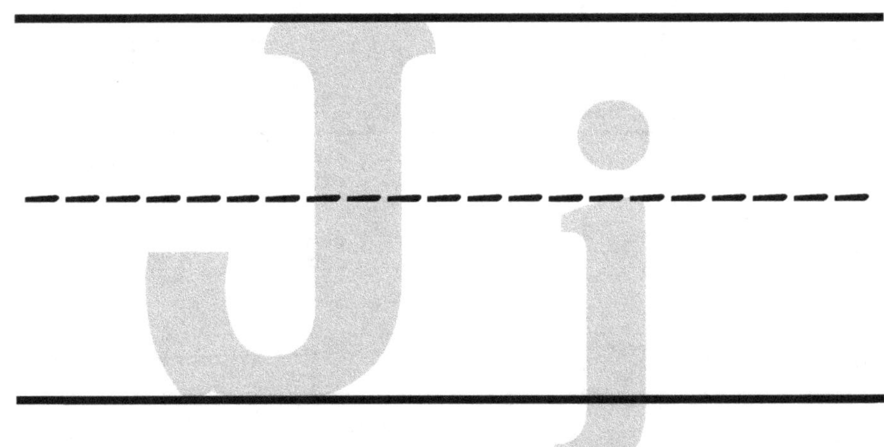

J is for Juice

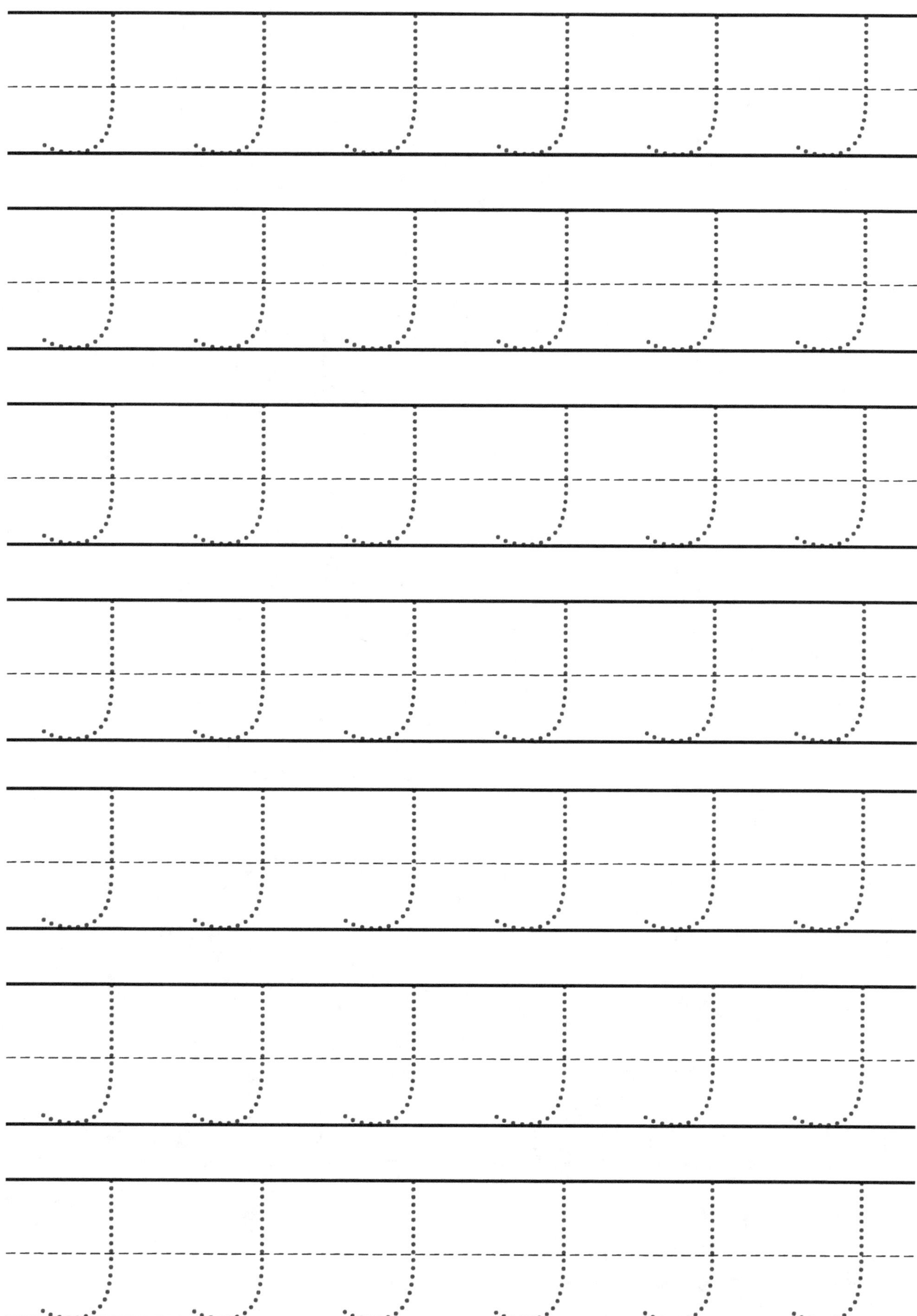

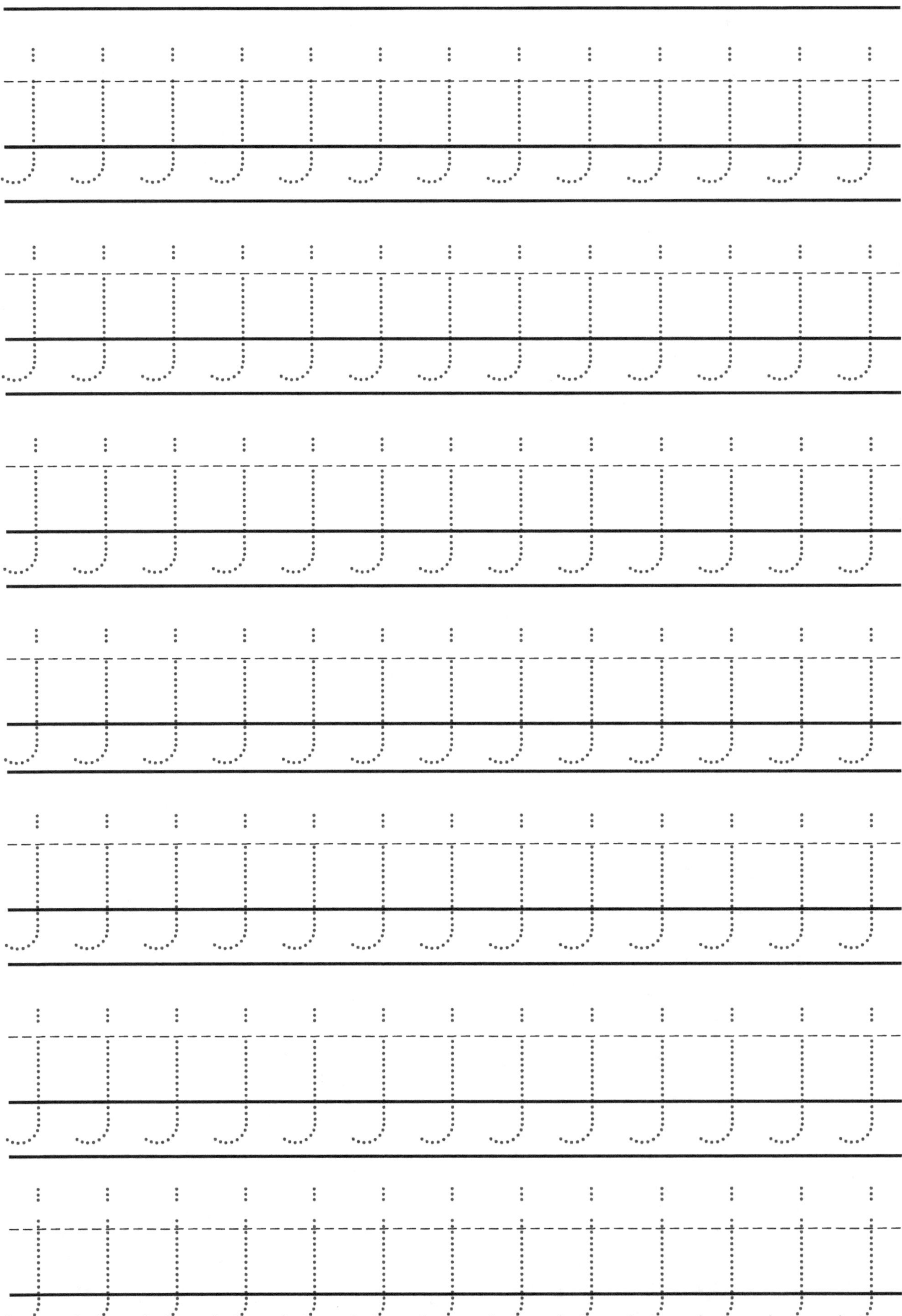

Kk

Kite

K is for Kite

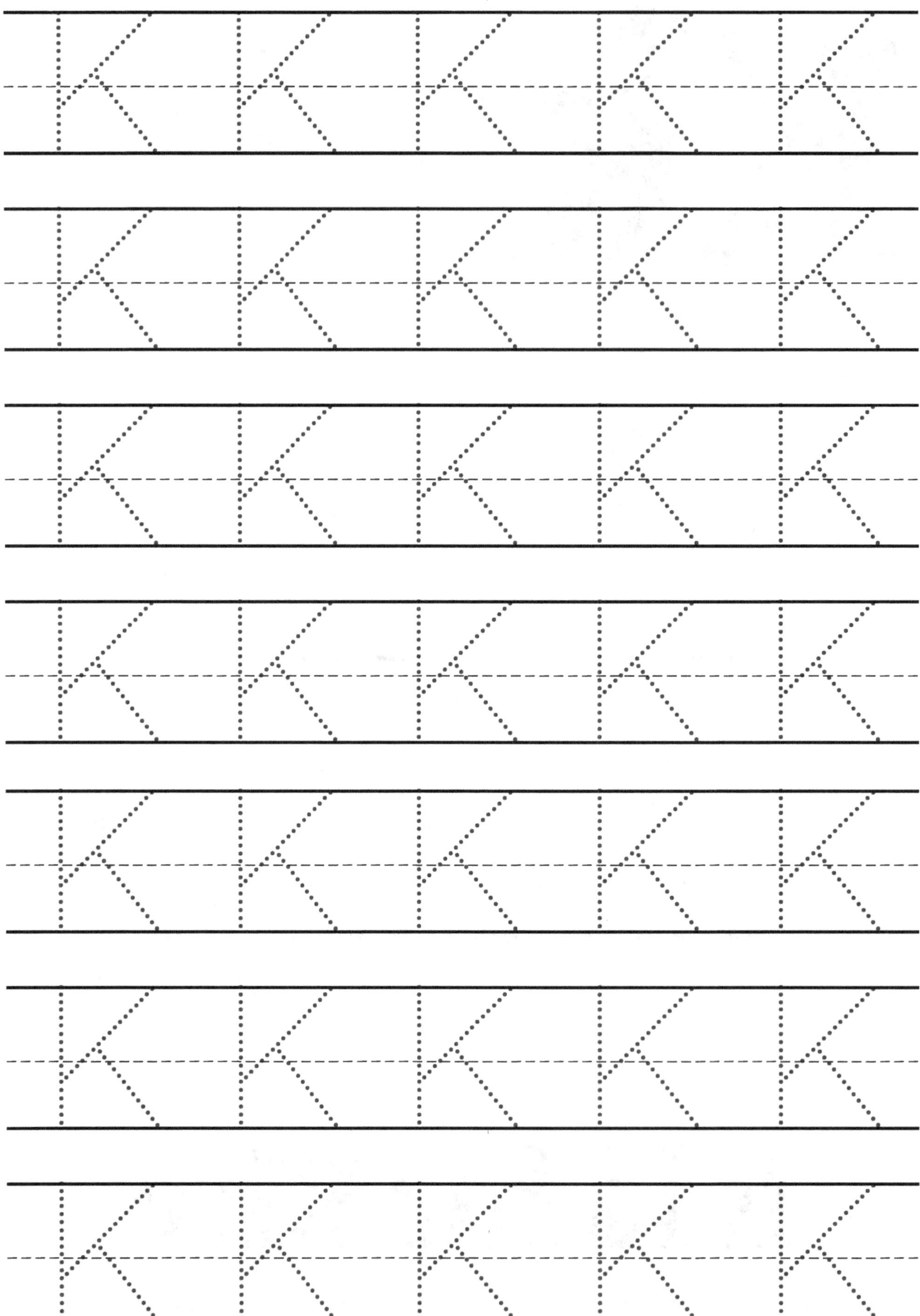

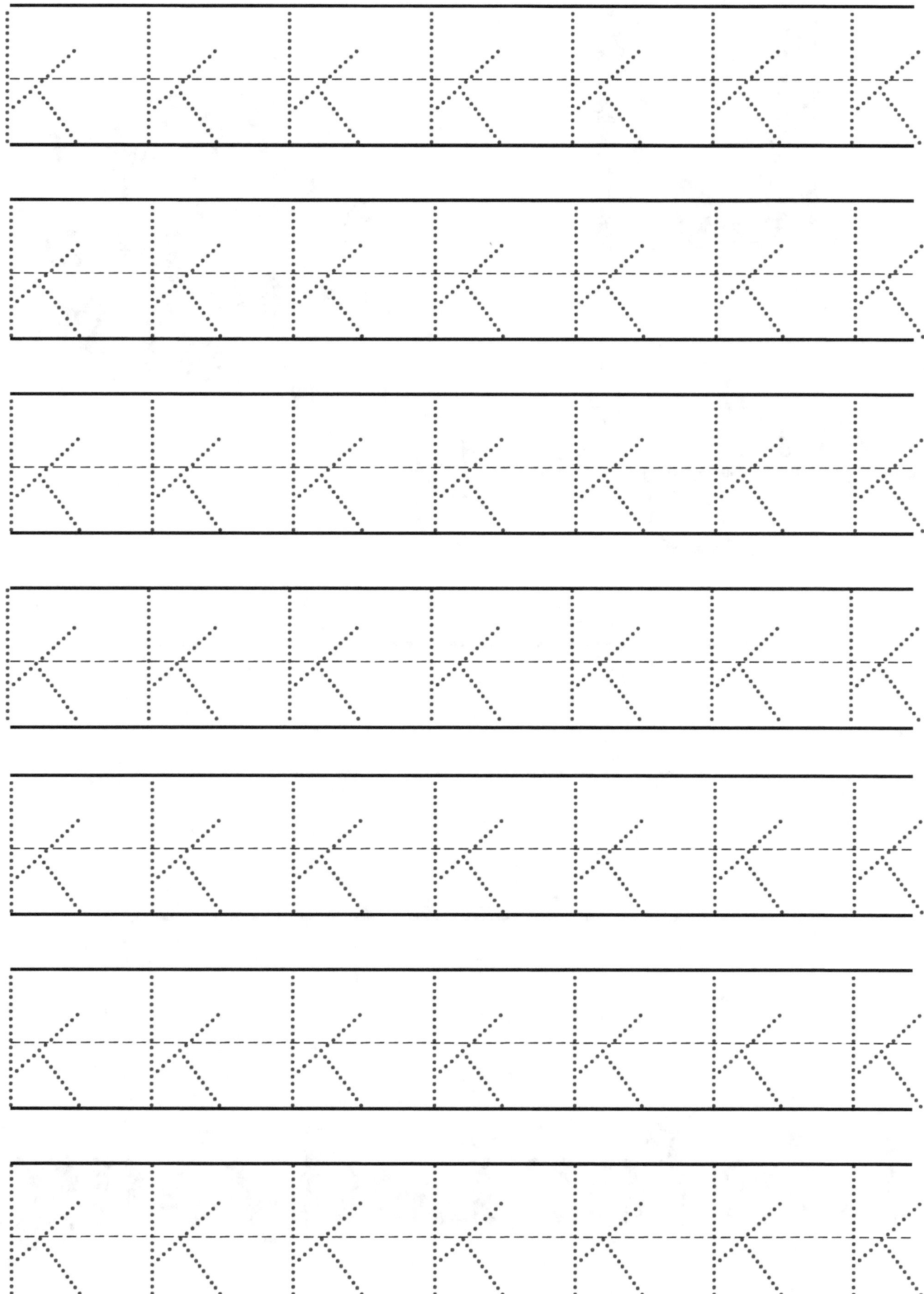

L l

Ladybug

L is for Ladybug

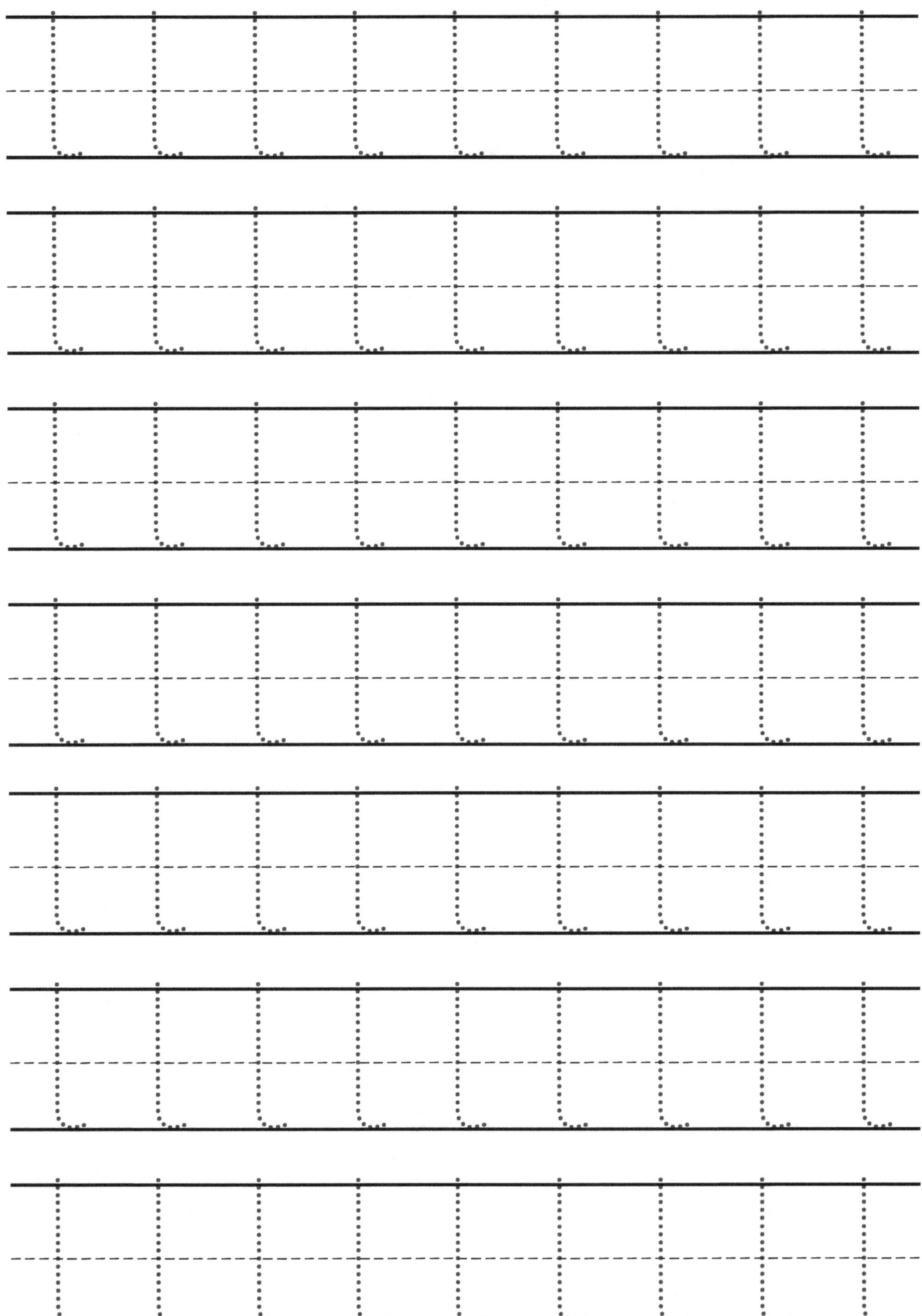

Mm

Monkey

Mm

M is for Monkey

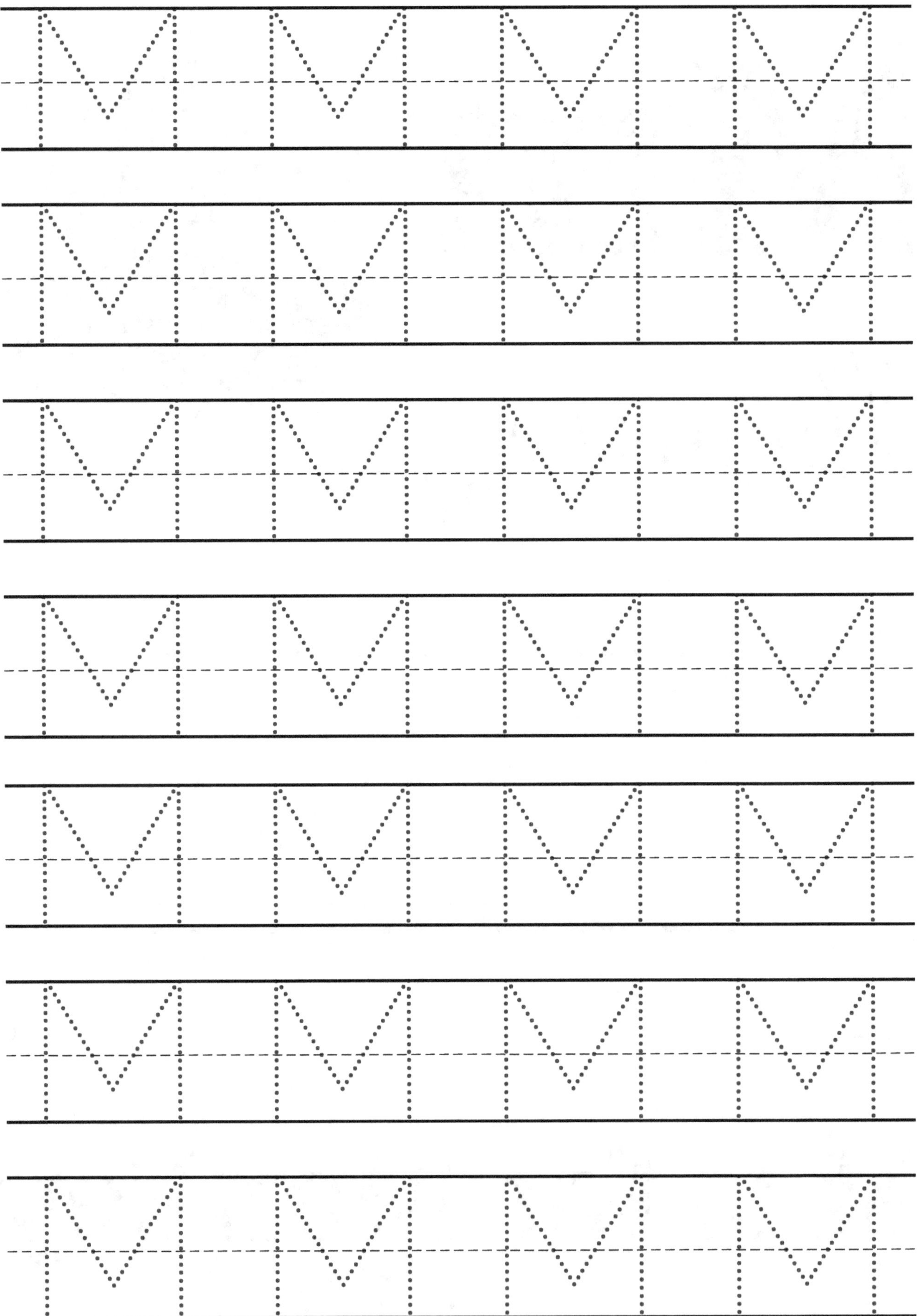

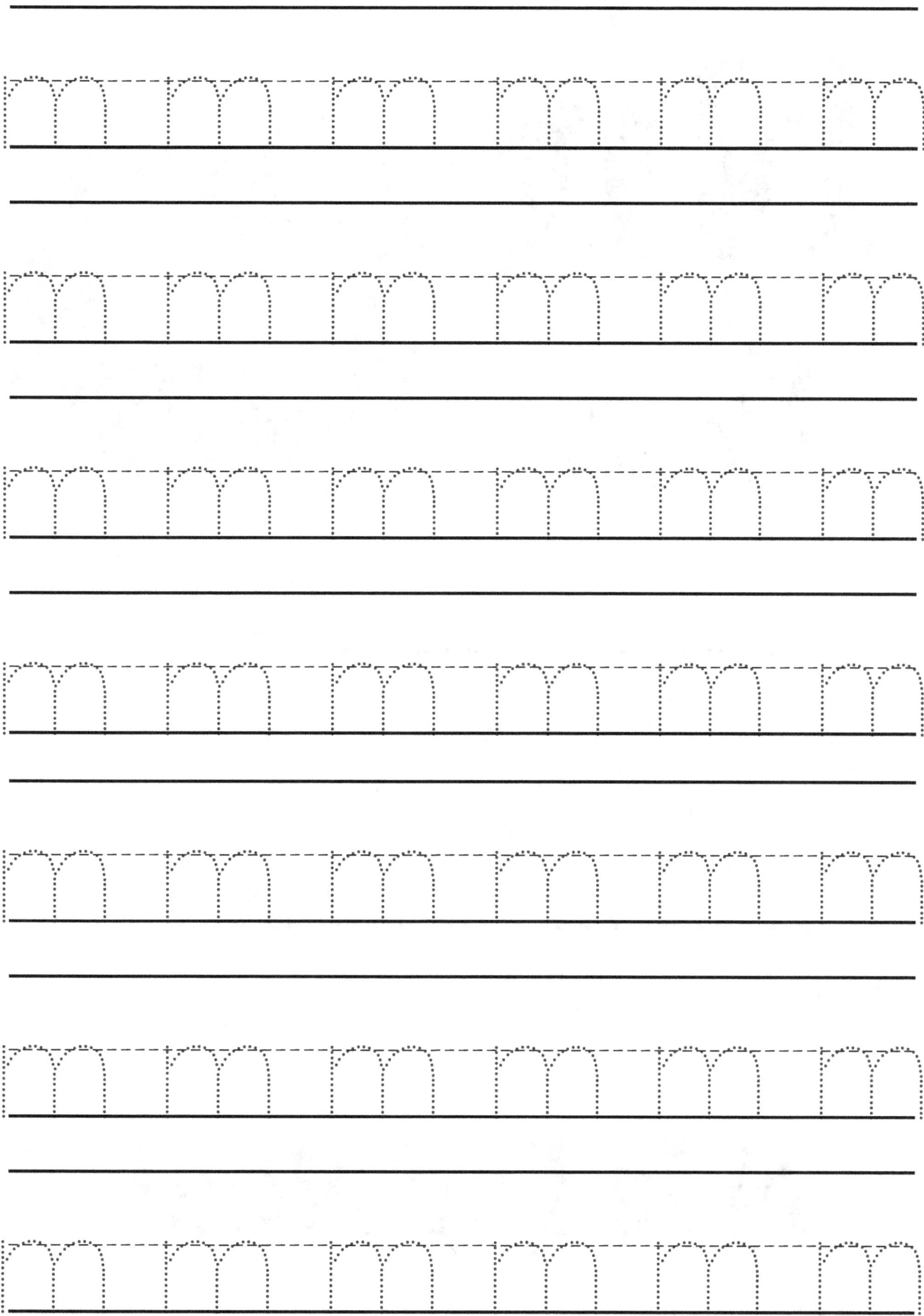

Nn

Nest

N is for Nest

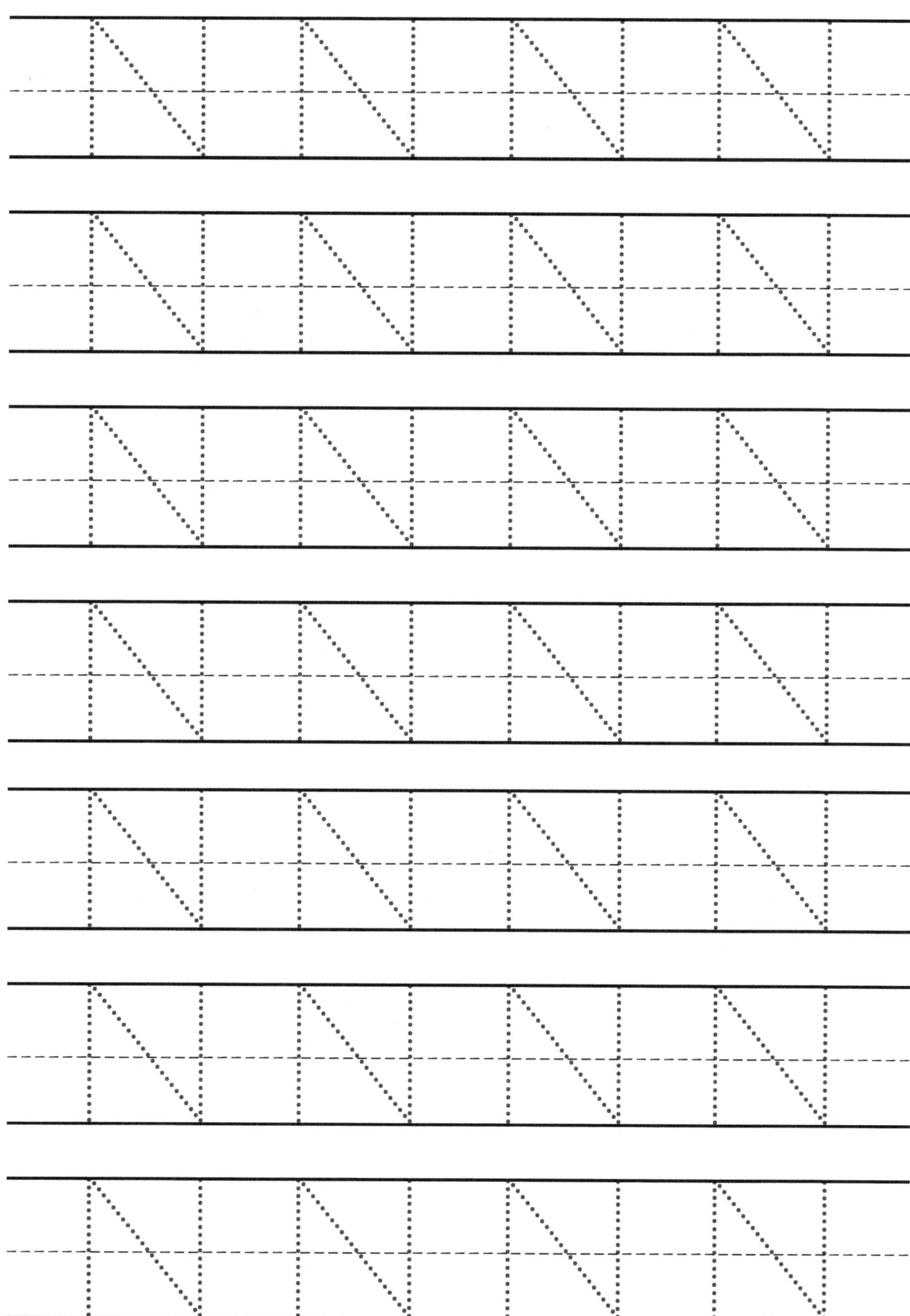

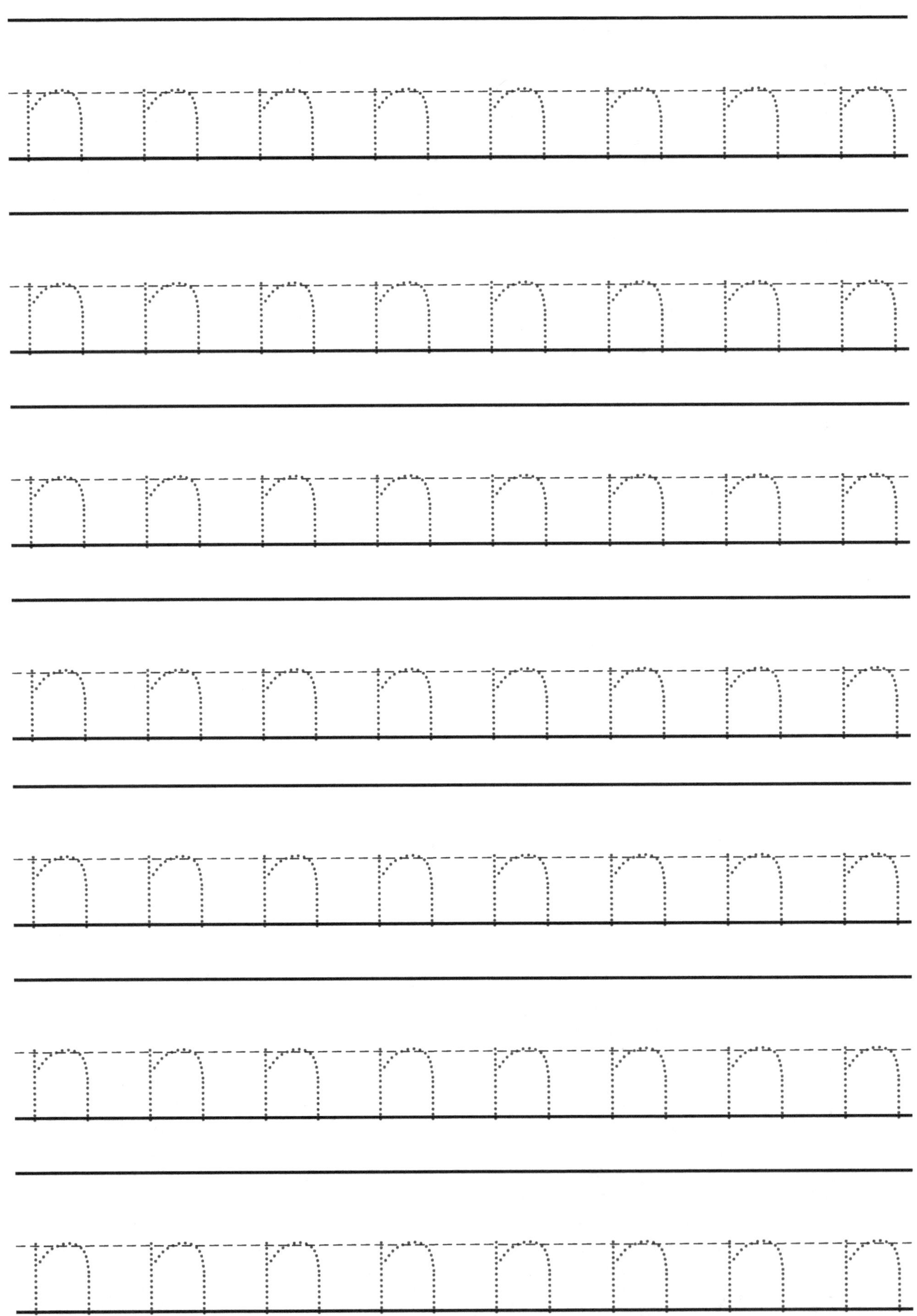

Oo

Orange

O is for Orange

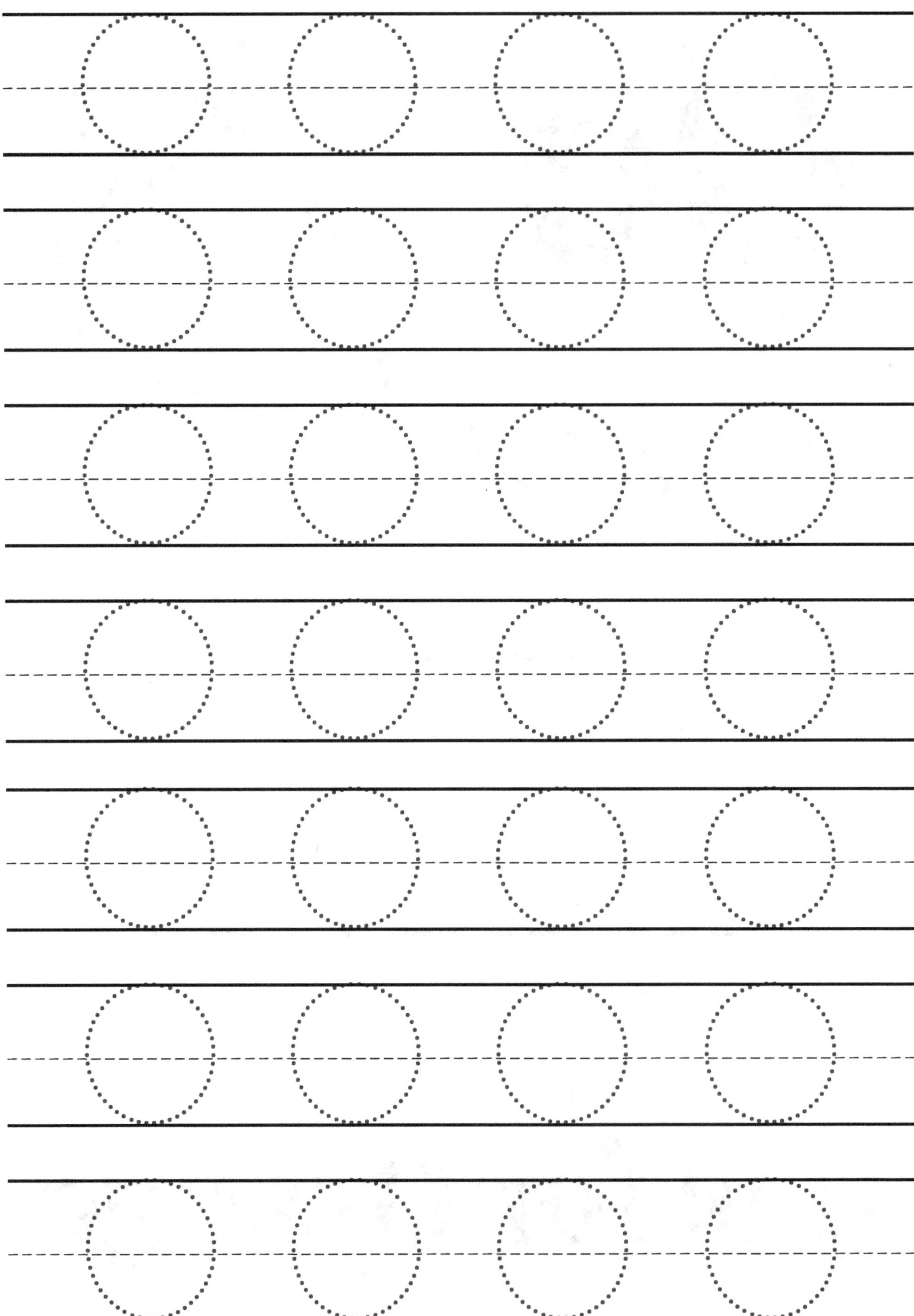

P p

Penguin

P is for Penguin

P P P P P

P P P P P

P P P P P

P P P P P

P P P P P

P P P P P

P P P P P

p p p p p p p p

p p p p p p p p

p p p p p p p p

p p p p p p p p

p p p p p p p p

p p p p p p p p

p p p p p p p p

Qq

Question

Q is for Question

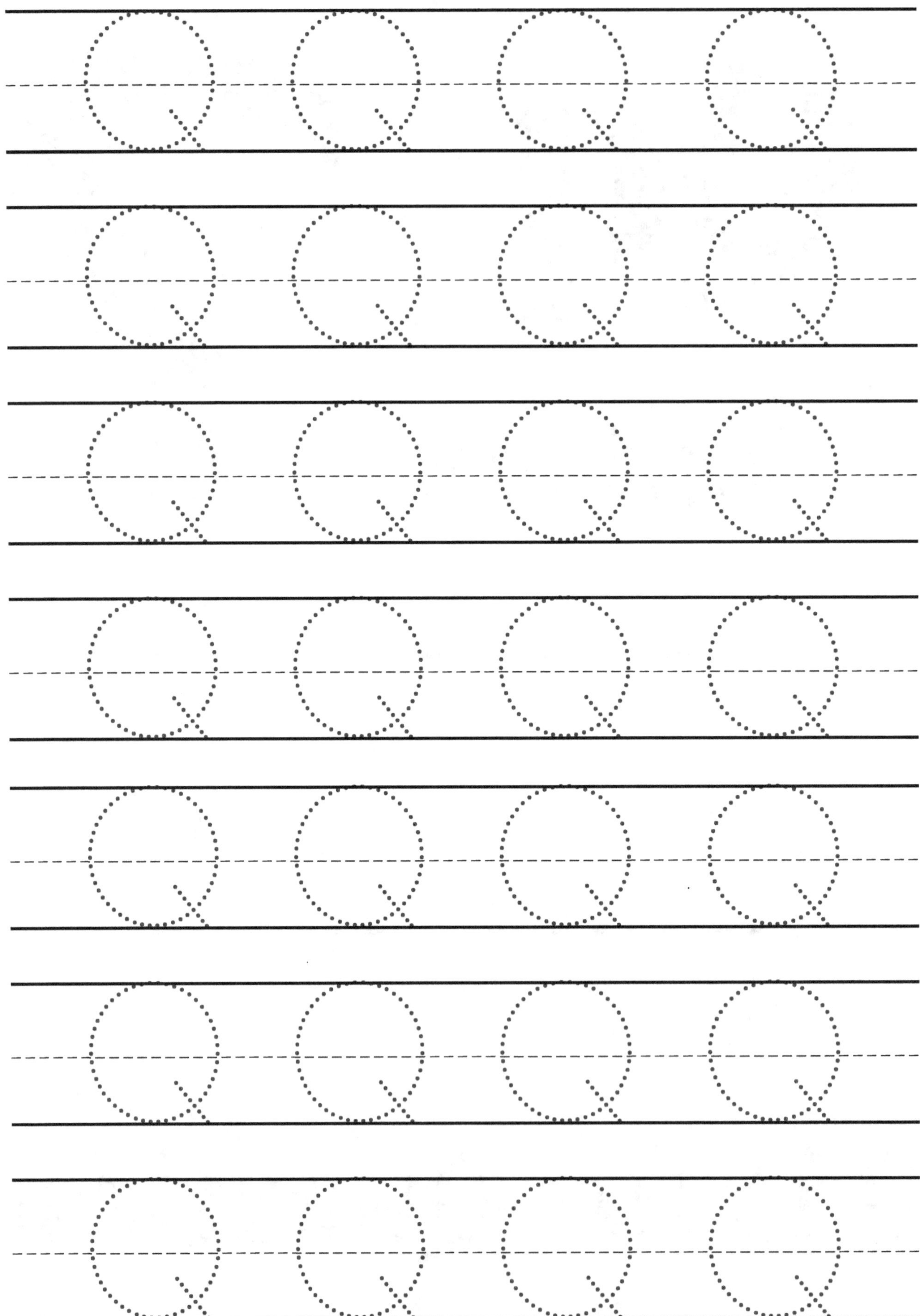

a a a a a a a

a a a a a a a

a a a a a a a

a a a a a a a

a a a a a a a

a a a a a a a

a a a a a a a

Rr

Rocket

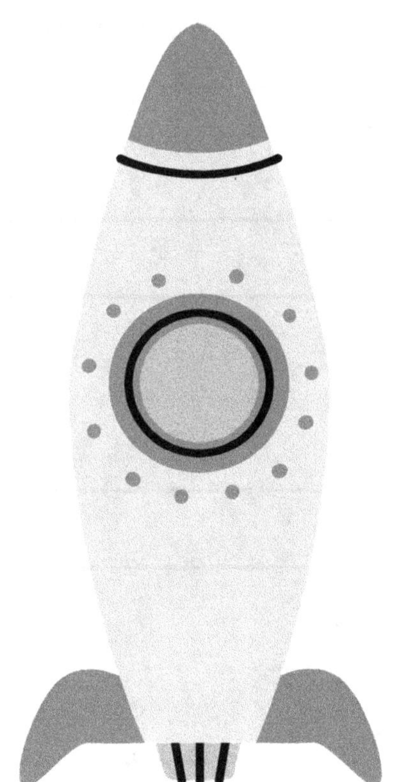

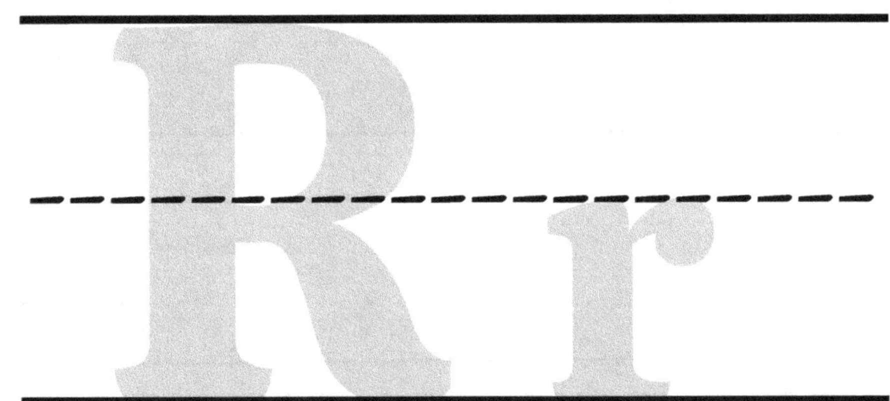

R is for Rocket

R R R R R

R R R R R

R R R R R

R R R R R

R R R R R

R R R R R

R R R R R

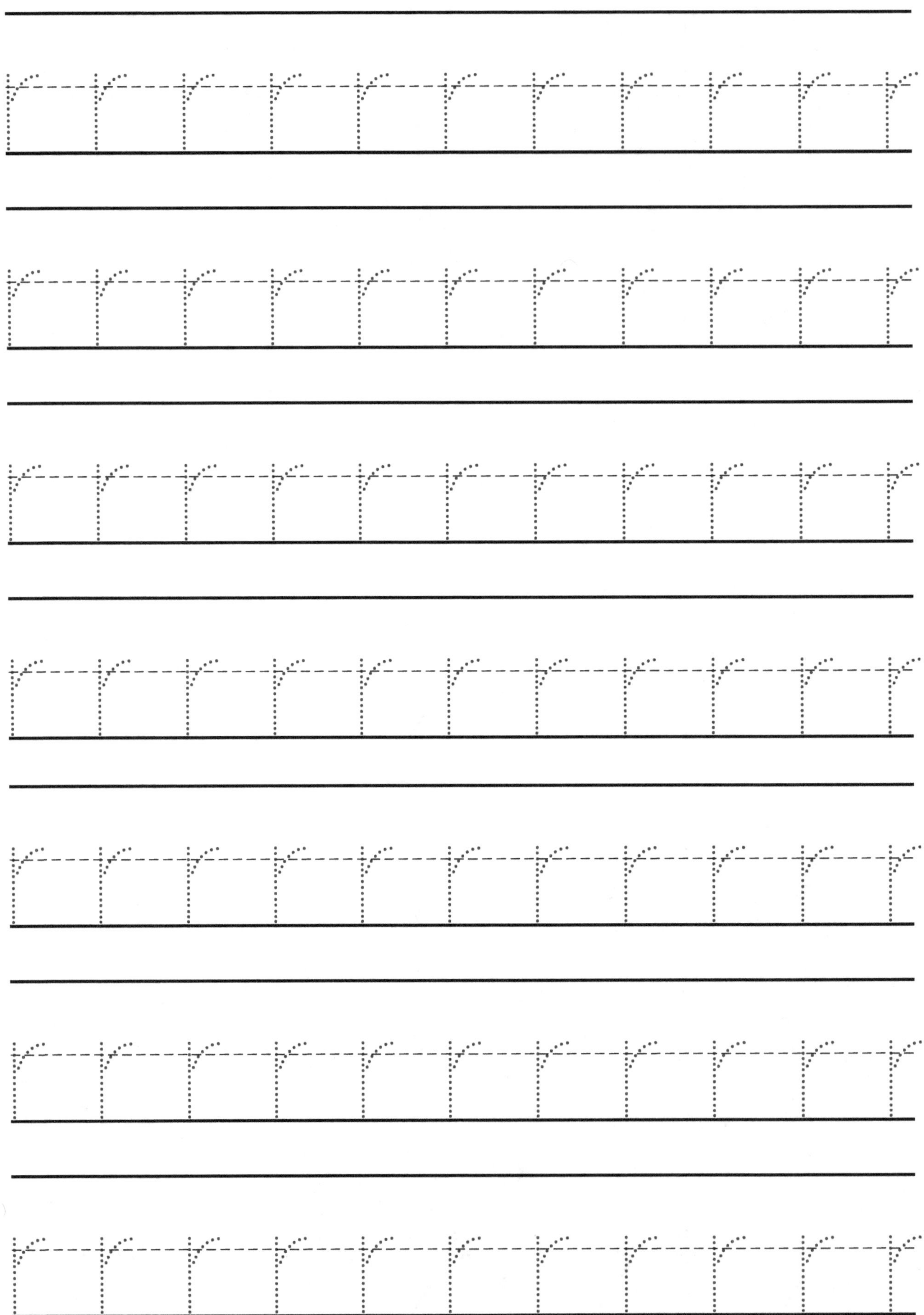

Ss

Sun

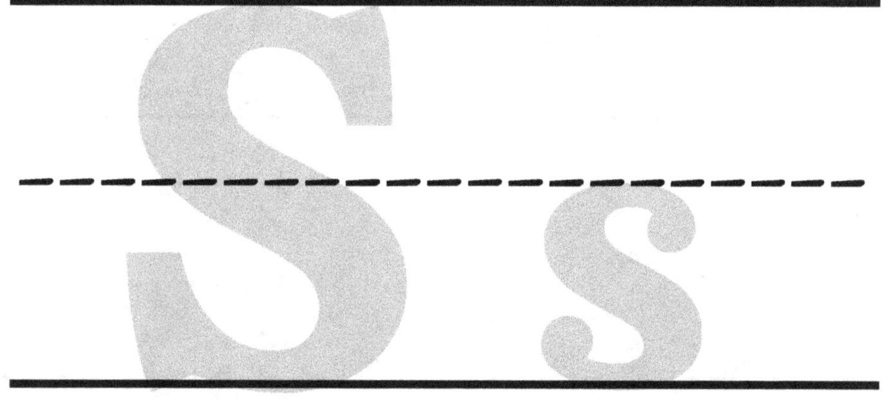

S is for Sun

S S S S S

S S S S S

S S S S S

S S S S S

S S S S S

S S S S S

S S S S S

S S S S S S S S S

S S S S S S S S S

S S S S S S S S S

S S S S S S S S S

S S S S S S S S S

S S S S S S S S S

S S S S S S S S S

Tt

Tree

T t

T is for Tree

Uu

U is for Umbrella

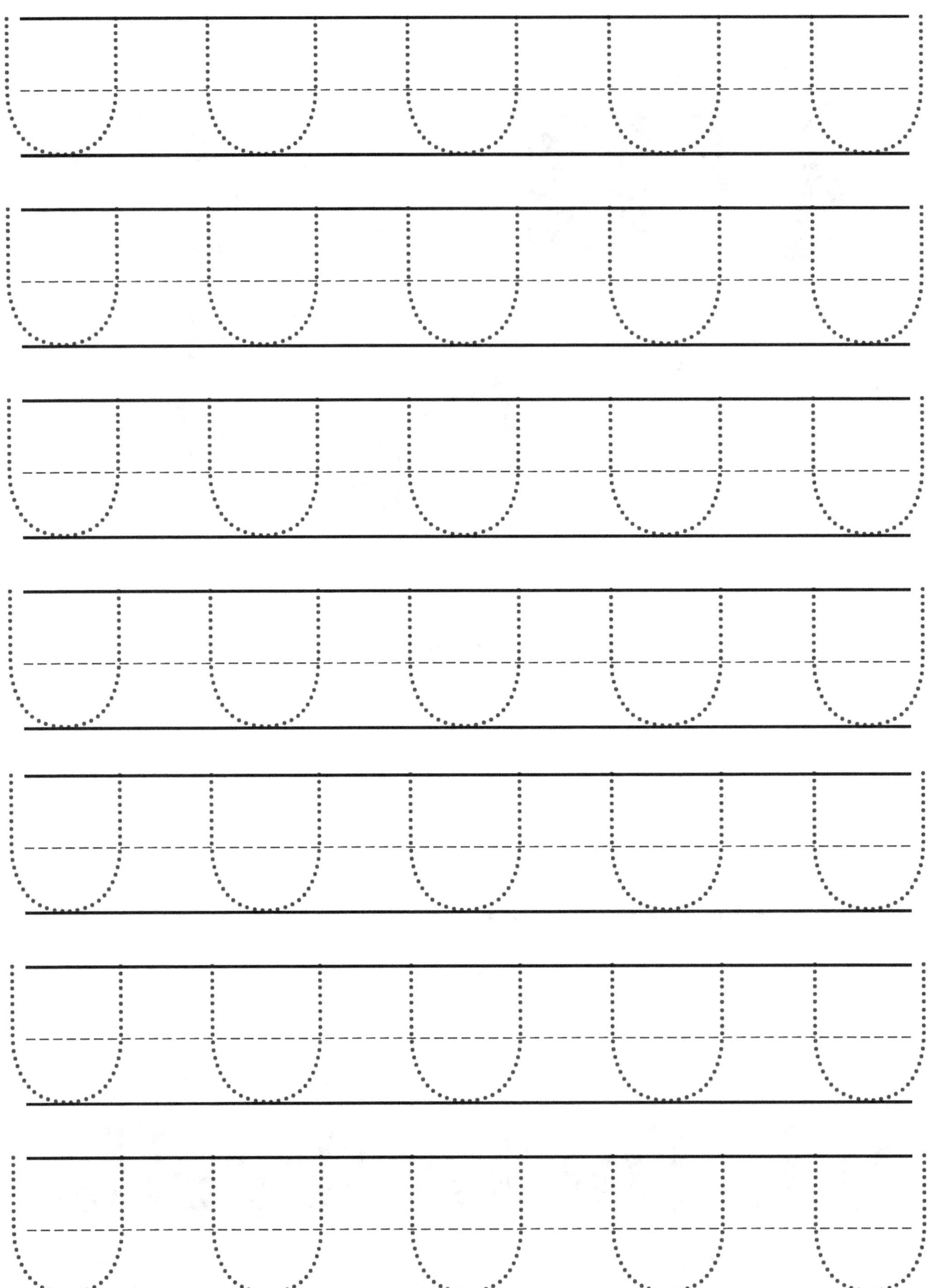

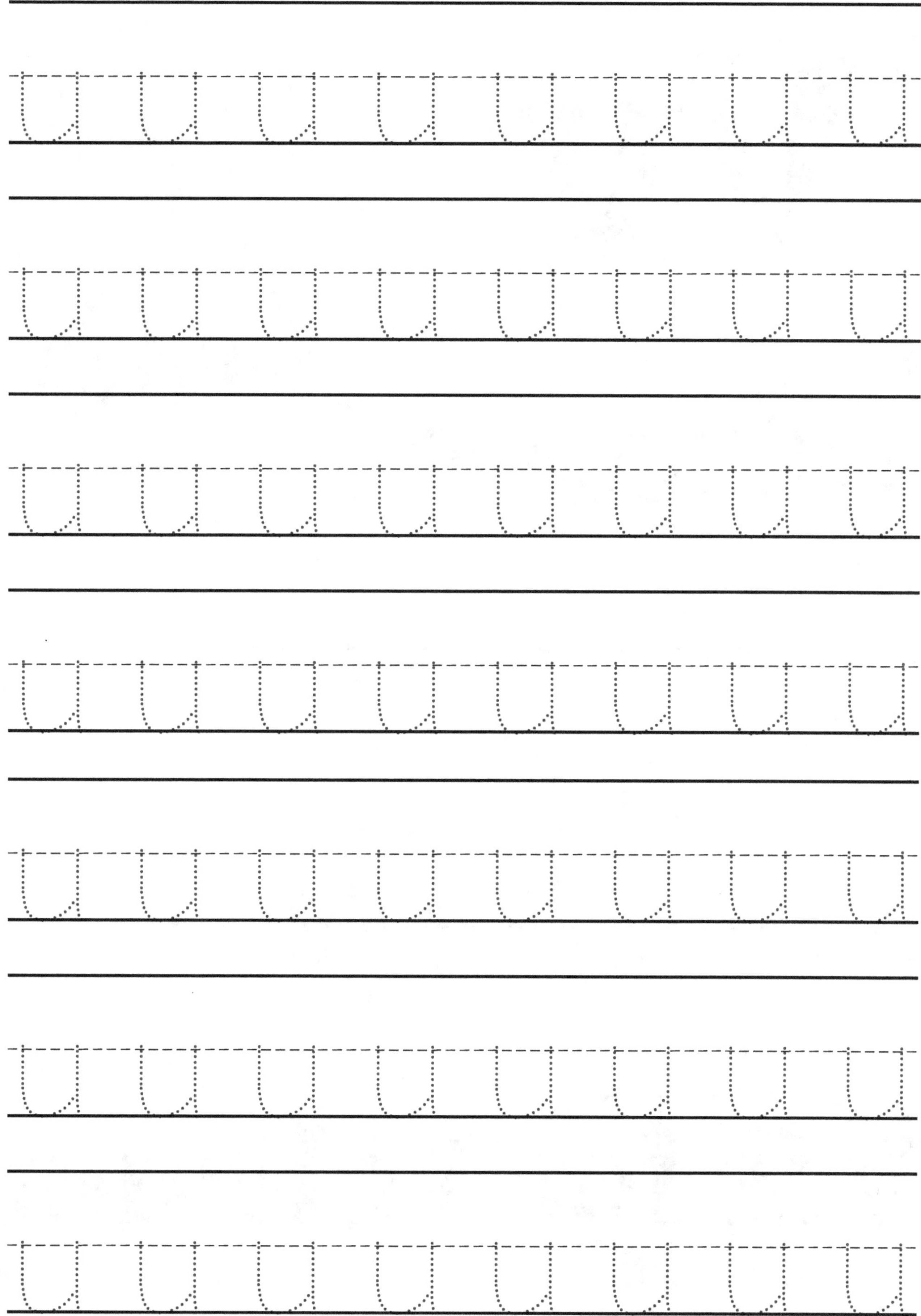

Vv

Volcano

V v

V is for Volcano

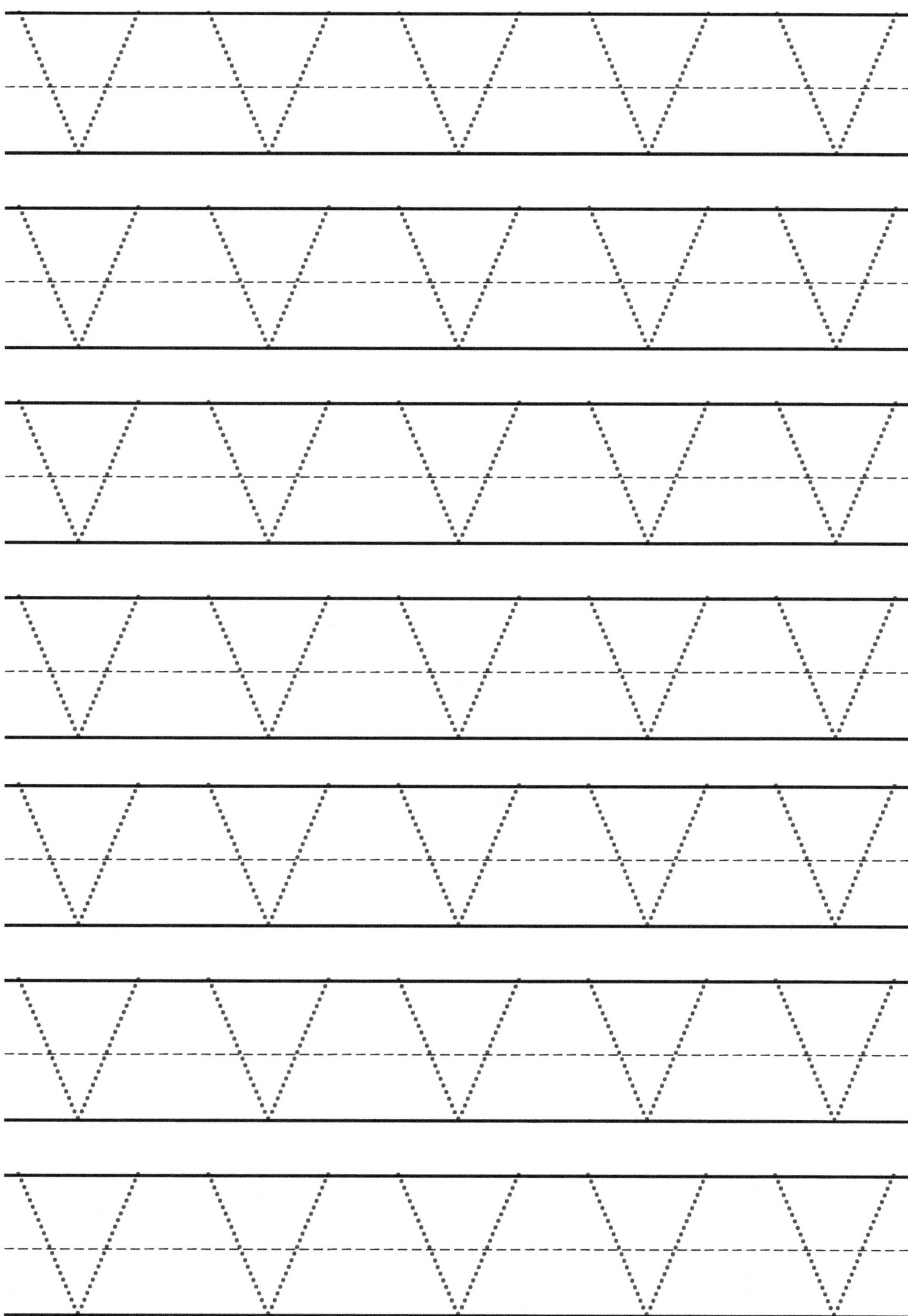

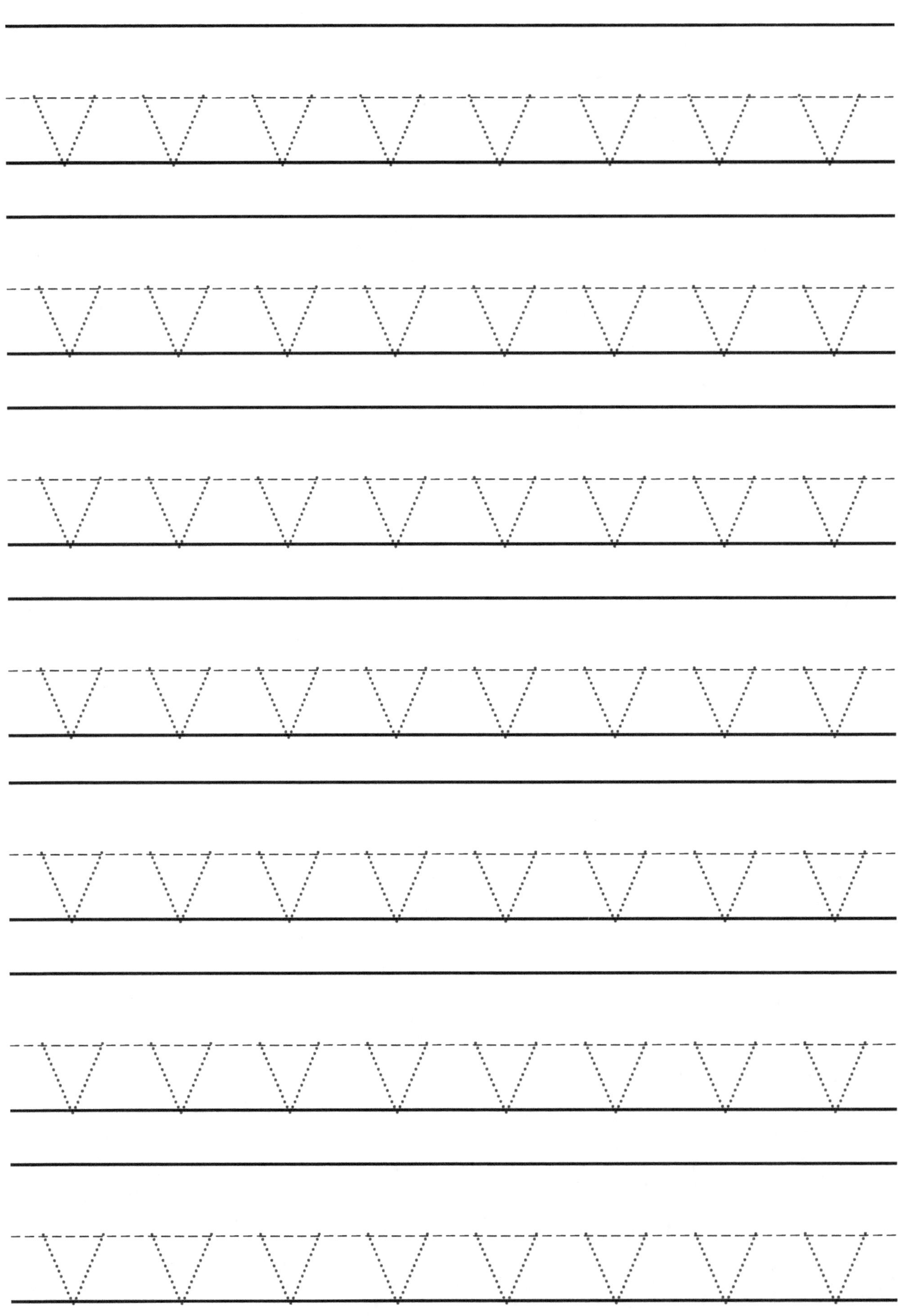

Ww

Watch

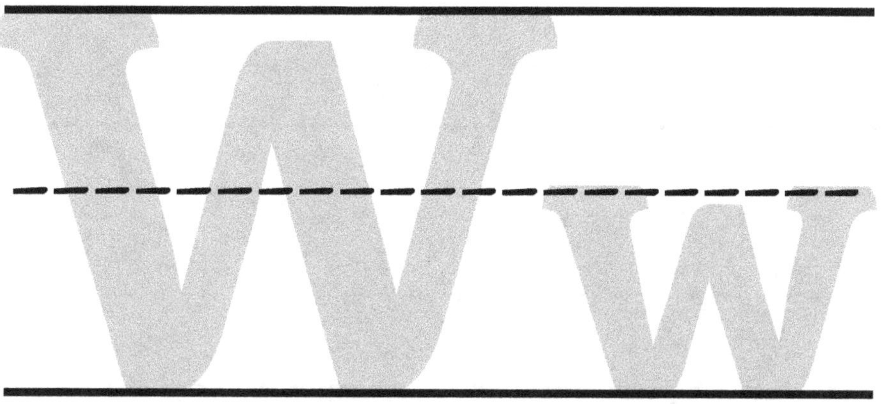

W is for Watch

Xx

Xylophone

X is for Xylophone

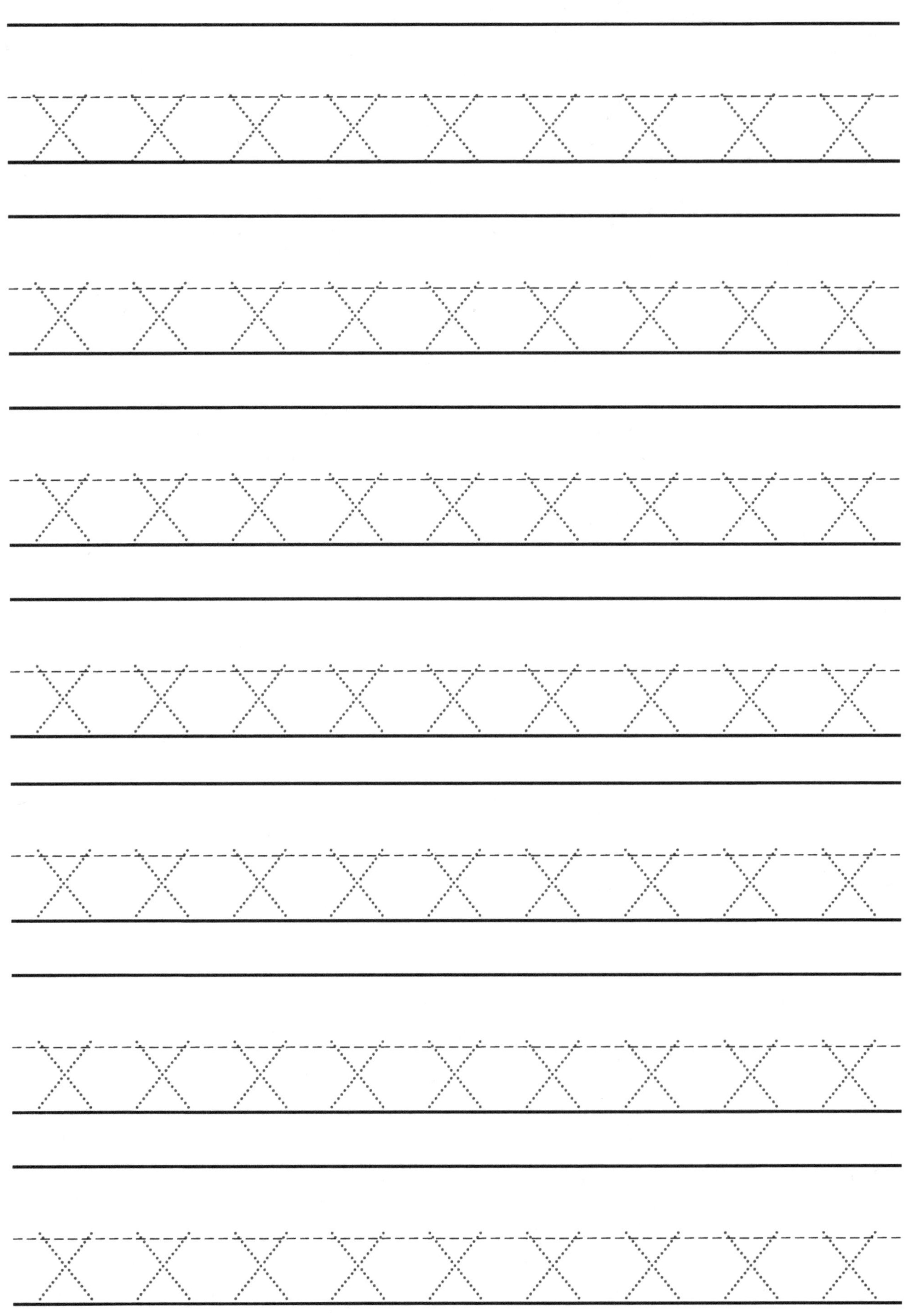

Yy

Yacht

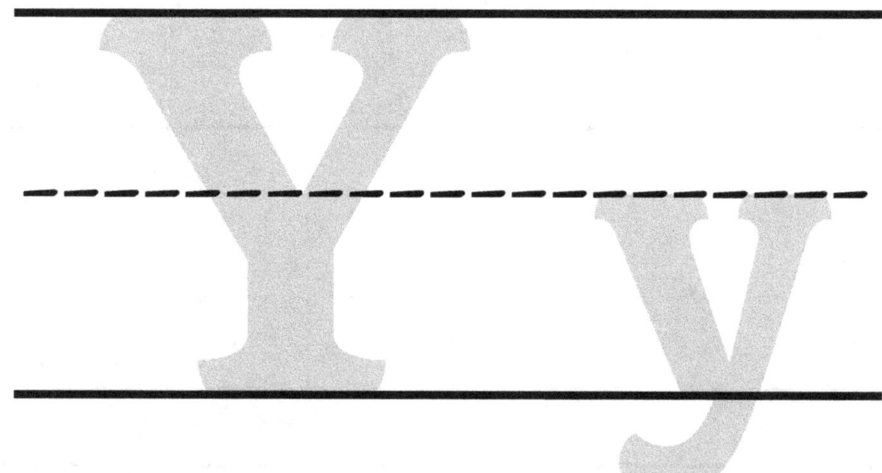

Y is for Yacht

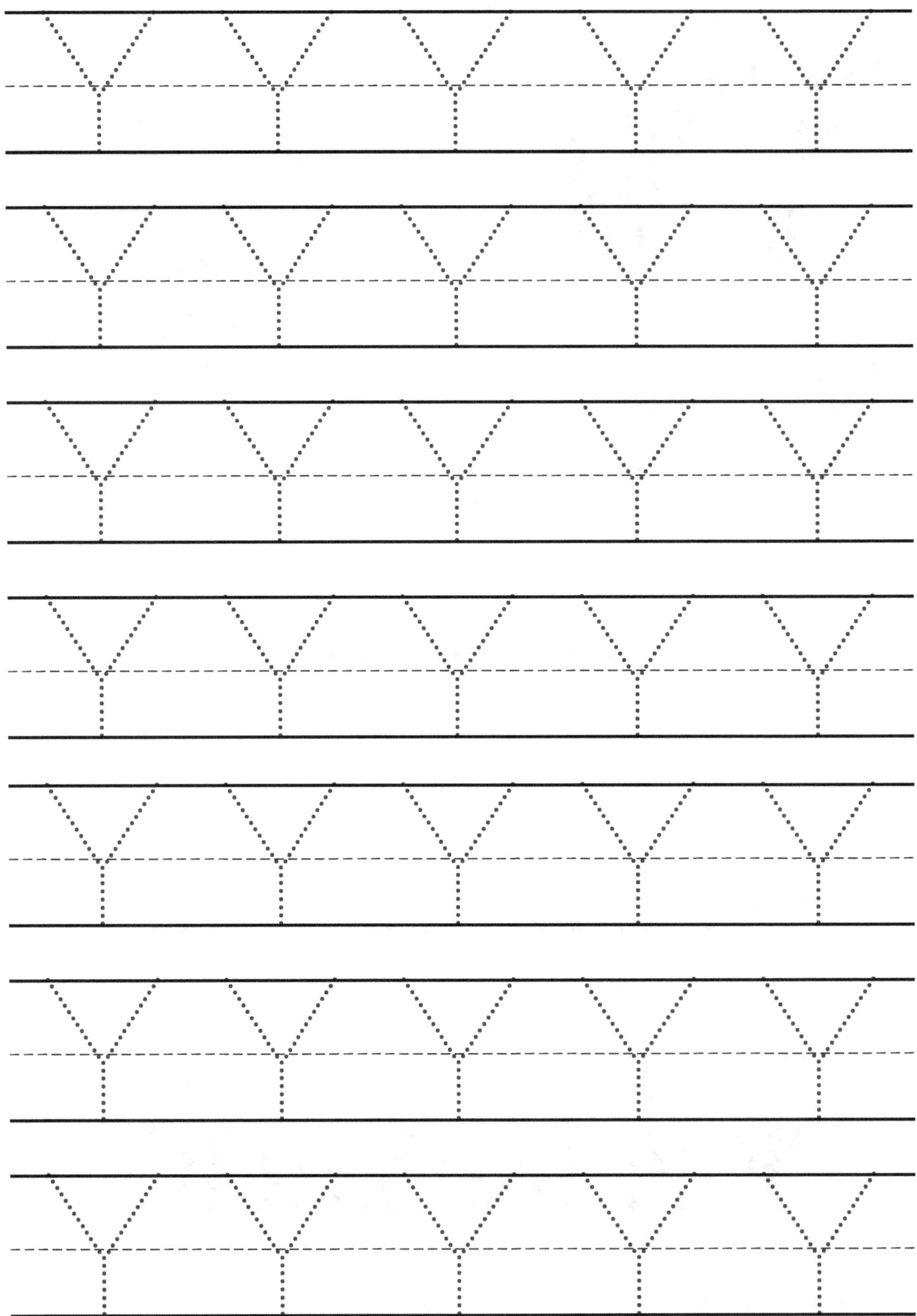

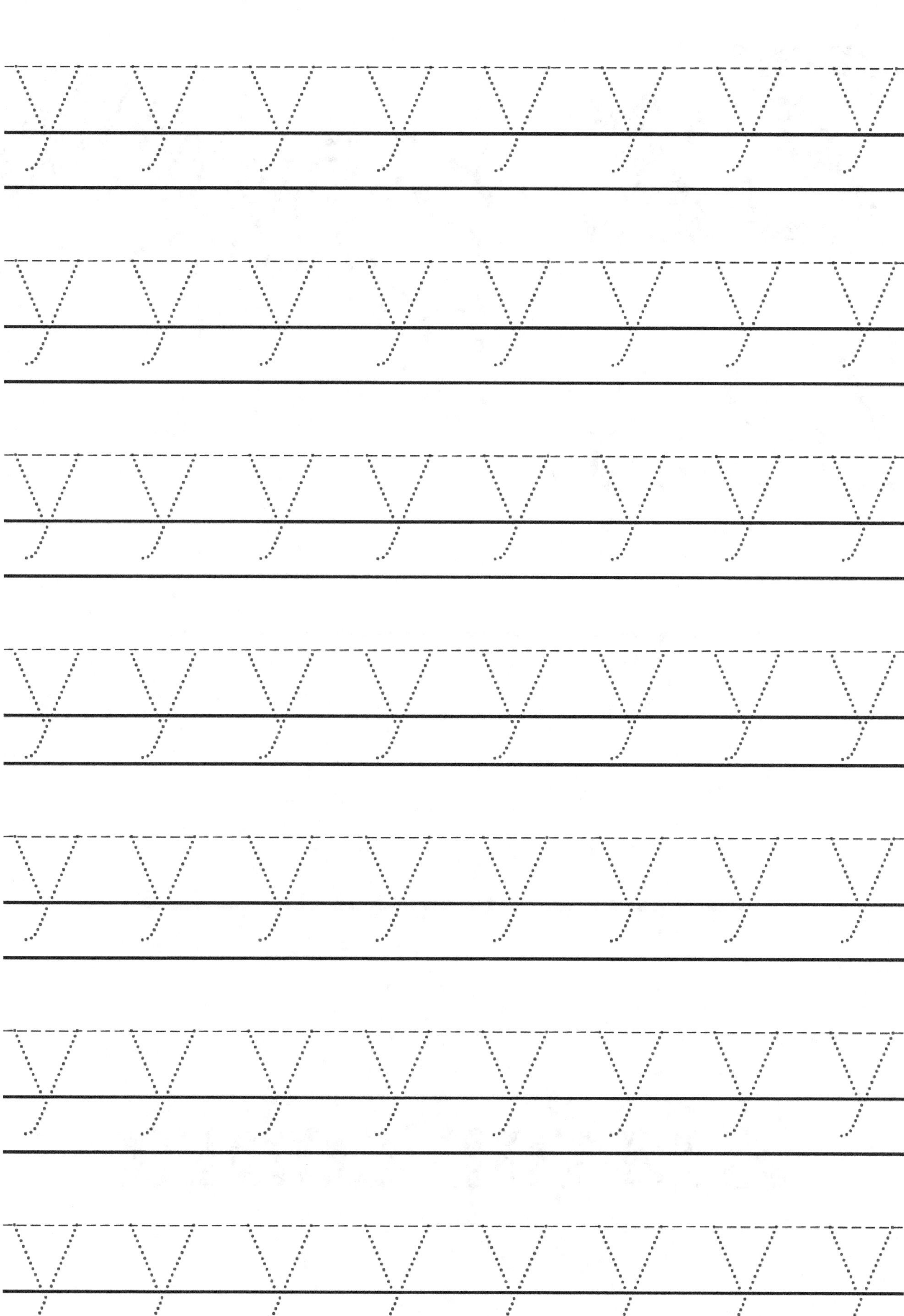

Zz

Zebra

Z is for Zebra

www.ingramcontent.com/pod-product-compliance
Lightning Source LLC
Chambersburg PA
CBHW081152130726
47996CB00009B/3096